skola - sakola	2
ceļojums - lalampahan	5
transports - transportasi	8
pilsēta - kota	10
ainava - pamandangan	14
restorāns - restoran	17
lielveikals - supermarkét	20
dzērieni - inuman	22
ēdiens - dahareun	23
zemnieku saimniecība - pertanian	27
māja - imah	31
viesistaba - rohang tamu	33
virtuve - dapur	35
vannas istaba - kamar ibak	38
bērnu istaba - kamar budak	42
apģērbs - acuk	44
birojs - kantor	49
ekonomika - ékonomi	51
profesijas - pagawéan	53
instrumenti - alat	56
mūzikas instrumenti - alat musik	57
zooloģiskais dārzs - kebon binatang	59
sports - olahraga	62
darbības - aktivitas	63
ģimene - kulawarga	67
ķermenis - awak	68
slimnīca - rumah sakit	72
ārkārtas gadījums - darurat	76
zeme - Bumi	77
pulkstenis - jam	79
nedēļa - minggu	80
gads - taun	81
formas - bentuk	83
krāsas - warna-warna	84
pretstati - sabalikna	85
skaitļi - angka-angka	88
Valodas - basa-basa	90
kas / ko / kā - saha / naon / kumaha	91
kur - di mana	92

Impressum
Verlag: BABADADA GmbH, Nedderfeld 112 , 22529 Hamburg
Geschäftsführer / Verlagsleitung: Harald Hof
Druck: Books on Demand GmbH, In de Tarpen 42, 22848 Norderstedt

Imprint
Publisher: BABADADA GmbH, Nedderfeld 112 , 22529 Hamburg, Germany
Managing Director / Publishing direction: Harald Hof
Print: Books on Demand GmbH, In de Tarpen 42, 22848 Norderstedt

skola
sakola

- klases telpa / rohang kelas
- dalīt bagi
- tāfele / papan
- skolas pagalms / pakarangan sakola
- skolotājs / guru
- papīrs / kertas
- rakstīt / nyerat / nulis
- pildspalva / kalam
- rakstāmgalds / méja gawé
- lineāls / jidar
- grāmata / buku
- skolēns / murit

skolas soma
tas sakola

penālis
wadah potlot

zīmulis
potlot

zīmuļu asināmais
rautan potlot

dzēšgumija
pamupus

zīmēšanas bloks
kertas gambar

zīmējums
gambar

ota
kuas cėt

krāsas
kotak cėt

šķēres
gunting

līme
lėm

darba burtnīca
buku latihan

mājas darbs
pèėr

skaitlis
angka

saskaitīt
nambahkeun

atņemt
kurang

reizināt
kali

rēķināt
ngitung

burts
surat

alfabēts
alpabėt

vārds
kecap

skola - sakola

teksts
tèks

lasīt
maca

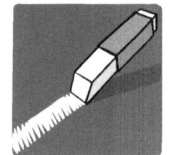
krīts
kapur

mācību stunda
palajaran

žurnāls
daptar

eksāmens
ujian

liecība
sértipikat

skolas forma
saragam sakola

izglītība
atikan

enciklopēdija
énsiklopédi

universitāte
univérsitas

mikroskops
mikroskop

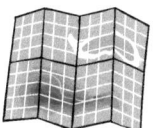
karte
peta

papīrgrozs
wadah runtah

skola - sakola

ceļojums
lalampahan

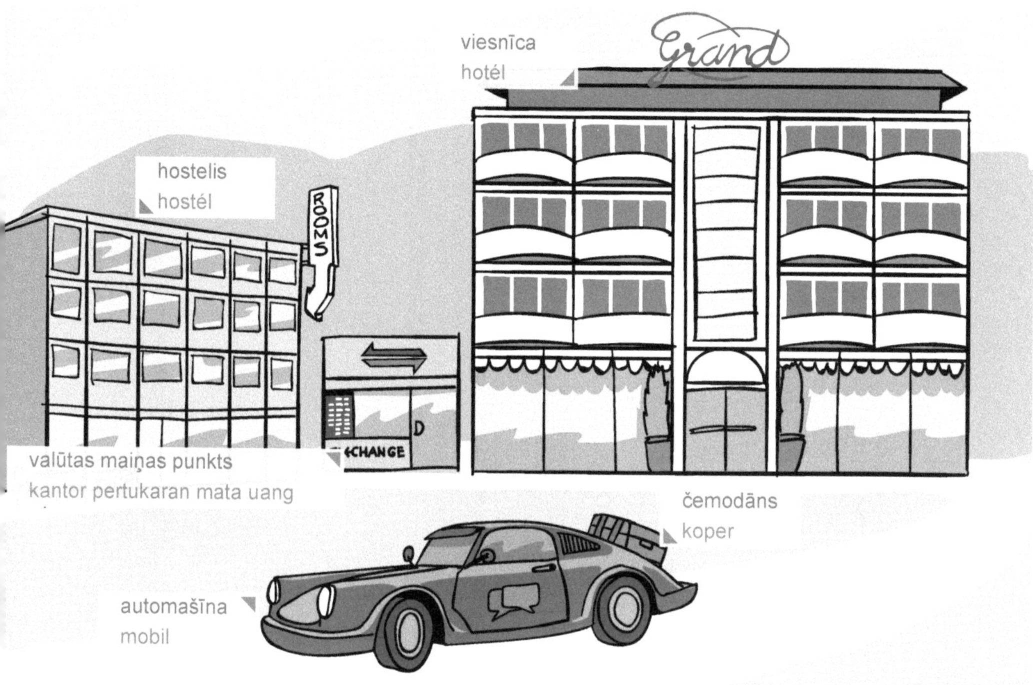
viesnīca
hotél
Grand
hostelis
hostél
ROOMS
EXCHANGE
valūtas maiņas punkts
kantor pertukaran mata uang
čemodāns
koper
automašīna
mobil

Valoda

basa

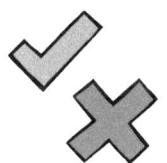

jā / nē

muhun / henteu

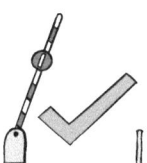

Okay

oké

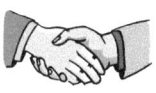

Sveiki!

hei

tulks

panarjamah

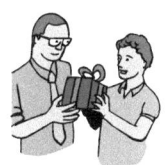

paldies

hatur nuhun

Cik maksā...?
sabaraha hargana...?

Es nesaprotu
abdi teu ngartos

problēma
masalah

Labvakar!
Wilujeng wengi!

Labrīt!
Wilujeng siang!

Ar labu nakti!
Wilujeng wengi!

Uz redzēšanos
mugi patepang deui

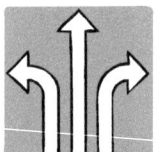

virziens
arah

bagāža
bagasi

soma
kantong

mugursoma
ransel

viesis
tamu

istaba
rohang

guļammaiss
kantong saré

telts
tenda

ceļojums - lalampahan

tūrisma informācija
informasi wisata

pludmale
pantai

kredītkarte
kartu krédit

brokastis
sarapan

pusdienas
dahar beurang

vakariņas
dahar peuting

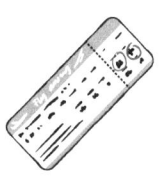
biļete
tikét

lifts
lift

pastmarka
perangko

robeža
wates

muita
cukai

vēstniecība
kedutaan

vīza
visa

pase
paspor

ceļojums - lalampahan

transports
transportasi

lidmašīna
kapal terbang

kuģis
parahu motor

ugunsdzēsēju mašīna
mobil pemadam kebakaran

autobuss
beus

kravas automašīna
treuk

motorlaiva
parahu motor

velosipēds
sapeda

automašīna
mobil

prāmis
kapal féri

laiva
parahu

motocikls
sapeda motor

policijas automašīna
mobil pulisi

sacīkšu automobilis
mobil balap

nomas auto
mobil nyéwa

auto koplietošana

mobil babarengan

evakuators

treuk dérék

atkritumu mašīna

treuk runtah

dzinējs

motor

benzīns

bahan bakar

degvielas uzpildes stacija

bénsin

ceļa zīme

tanda lalulintas

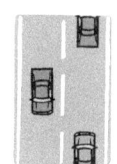

satiksme

lalulintas

sastrēgums

macét

stāvvieta

parkir mobil

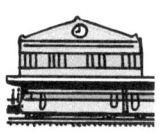

dzelzceļa stacija

stasiun karéta

sliedes

trék

vilciens

karéta api

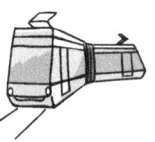

tramvajs

tram

vagons

garobag

transports - transportasi

helikopters	lidosta	tornis
hélikopter	bandara	munara

 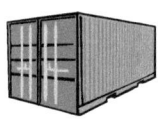 

pasažieris	konteiners	kaste
panumpang	konténer	karton

  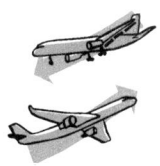

ratiņi	grozs	pacelties / nosēsties
troli	karanjang	terbang / landas

pilsēta
kota

ciems	pilsētas centrs	māja
kampung	tengah kota	imah

pilsēta - kota

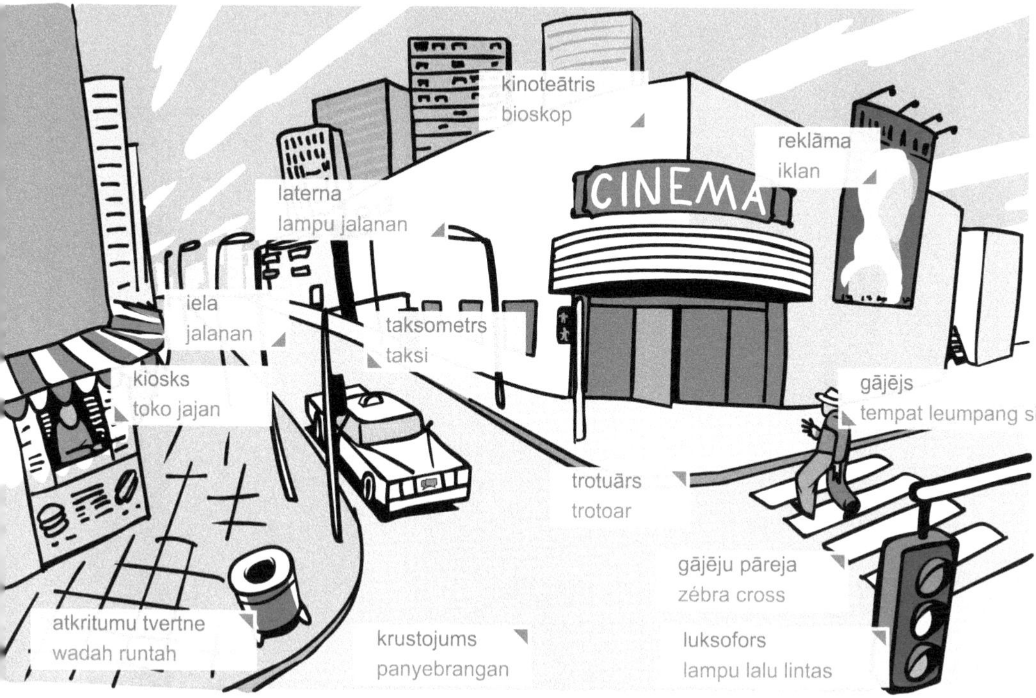

kinoteātris
bioskop

reklāma
iklan

laterna
lampu jalanan

iela
jalanan

taksometrs
taksi

kiosks
toko jajan

gājējs
tempat leumpang sis

trotuārs
trotoar

gājēju pāreja
zébra cross

atkritumu tvertne
wadah runtah

krustojums
panyebrangan

luksofors
lampu lalu lintas

būda
gubuk

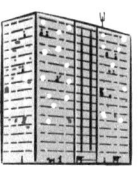

dzīvoklis
imah flat

dzelzceļa stacija
stasiun karéta

rātsnams
balai kota

muzejs
museum

skola
sakola

pilsēta - kota

universitāte
univérsitas

banka
bank

slimnīca
rumah sakit

viesnīca
hotél

aptieka
farmasi

birojs
kantor

grāmatnīca
toko buku

veikals
toko

ziedu veikals
toko kembang

lielveikals
supermarkét

tirgus
pasar

tirdzniecības centrs
swalayan

zivju tirgotājs
nalayan

tirdzniecības centrs
pusat balanja

osta
palabuan

pilsēta - kota

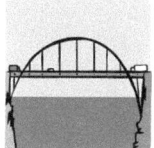

parks — kebon
sols — korsi
tilts — sasak

kāpnes — tangga
metro — kareta bawah tanah
tunelis — torowongan

autobusa pieturvieta — halte beus
bārs — bar
restorāns — restoran

pastkastīte — kotak surat
ielas nosaukuma plāksne — tanda jalan
stāvlaika skaitītājs — meteran parkir

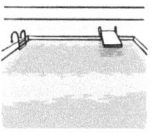

zooloģiskais dārzs — kebon binatang
peldbaseins — kolam renang
mošeja — masigit

pilsēta - kota

zemnieku saimniecība
pertanian

vides piesārņojums
polusi

kapsēta
kuburan

baznīca
gareja

spēļu laukums
tempat ulin

templis
pura

ainava
pamandangan

- lapa / daun
- ceļrādis / panunjuk arah
- ceļš / jalanan
- pļava / ladang jukut
- akmens / batu
- koks / tangkal
- ceļotājs / tukang leumpang
- upe / susukan
- zāle / jukut
- puķe / kembang

ieleja
lengkob

kalns
bukit

ezers
tasik

mežs
leuweung

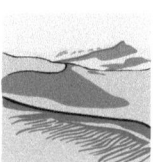
tuksnesis
gurun

vulkāns
gunung marapi

pils
karaton

varavīksne
katumbiri

sēne
suung

palma
tangkal palem

moskīts
reungit

muša
laleur

skudra
sireum

bite
nyiruan

zirneklis
lamat lancah

ainava - pamandangan

vabole	varde	vāvere
nyiruan	bangkong	bajing

ezis	zaķis	pūce
landak	kalinci	bueuk

putns	gulbis	meža cūka
manuk	soang	bagong

briedis	alnis	aizsprosts
kijang	kijang	bendungan

 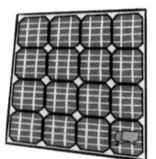 

vēja ģenerators	saules baterija	klimats
turbin angin	panél surya	iklim

ainava - pamandangan

restorāns
restoran

- viesmīlis / badega
- ēdienkarte / menu
- krēsls / korsi
- zupa / sop
- pica / pitsa
- galda piederumi / parkakas dahar
- galdauts / taplak

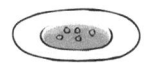

uzkoda
hidangan pembuka

pamatēdiens
hidapan utama

deserts
hidangan penutup

dzērieni
inuman

ēdiens
dahareun

pudele
botol

ātrās uzkodas
dahareun cepat saji

ielu uzkodas
jajanan sisi jalan

tējkanna
téko téh

cukurtrauks
wadah gula

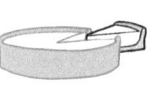
porcija
porsi

espresso kafijas automāts
mesin éspréso

bāra krēsls
korsi jangkung

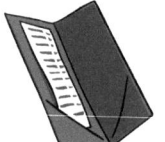
rēķins
tagihan

paplāte
baki

nazis
péso

dakša
garpu

karote
séndok

tējkarote
séndok téh

salvete
serbét

glāze
gelas

restorāns - restoran

šķīvis
piring

zupas šķīvis
mangkok sop

apakštase
pisin

mērce
saos

sāls trauciņš
wadah uyah

piparu dzirnaviņas
panggiling pedes

etiķis
cuka

eļļa
minyak

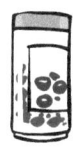

garšvielas
bumbu

kečups
saos tomat

sinepes
mustard

majonēze
mayonés

restorāns - restoran

lielveikals
supermarkét

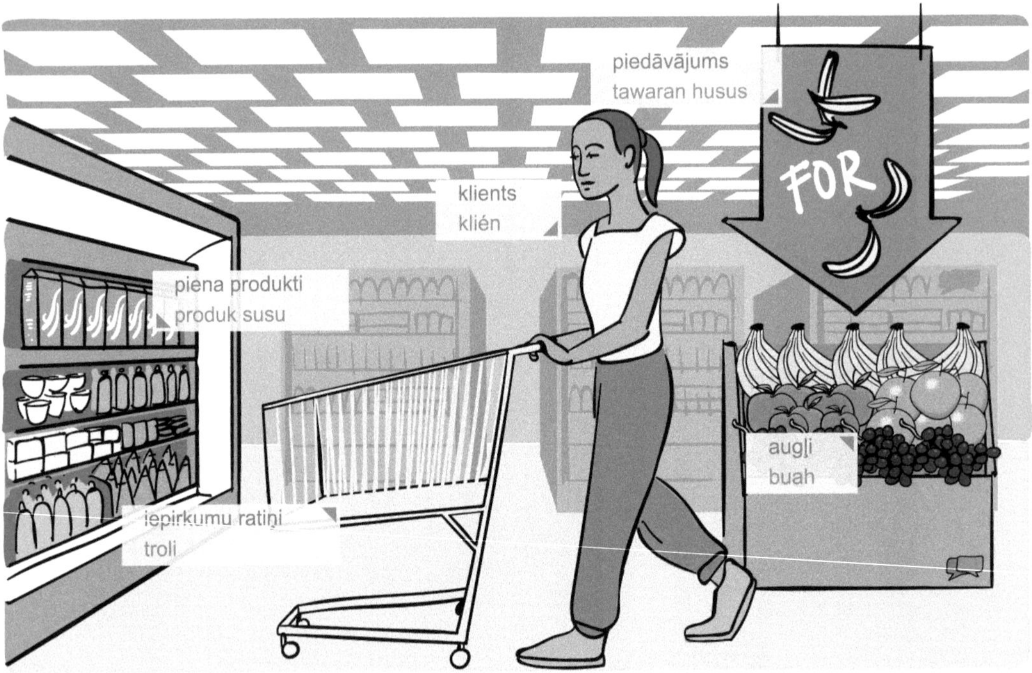

piedāvājums
tawaran husus

klients
klién

piena produkti
produk susu

iepirkumu ratiņi
troli

augļi
buah

kautuve
tukang meuncit

maizes veikals
toko roti

svērt
nimbang

dārzeņi
sayur

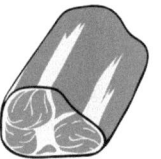

gaļa
daging

saldēti produkti
tuangeun beku

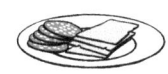
aukstās gaļas uzkodas
alat potong daging

konservi
dahareun kaléng

pulveris
sabun serbuk

saldumi
permén

mājsaimniecības preces
perkakas rumah tangga

tīrīšanas līdzeklis
produk pembersih

pārdevēja
tukang jualan

kase
kasa

kasieris
kasir

iepirkumu saraksts
daftar balanja

darba laiks
jam buka

maks
dompét

kredītkarte
kartu krédit

soma
kantong

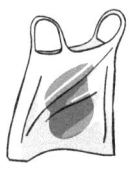
maisiņš
kantong palastik

lielveikals - supermarkét

dzērieni
inuman

ūdens
cai

sula
jus

piens
susu

kola
kola

vīns
anggur

alus
arak

alkohols
arak

kakao
coklat

tēja
téh

kafija
kopi

espresso
éspréso

kapučīno
kapucino

ēdiens
dahareun

banāns
pisang

ābols
apel

apelsīns
jeruk

melone
samangka

citrons
lémon

burkāns
wortel

ķiploks
bawang bodas

bambuss
awi

sīpols
bawang bombai

sēne
suung

rieksti
suuk

makaroni
emih

spageti
spagéti

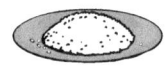
rīsi
sangu

salāti
salat

frī kartupeļi
kentang goréng

cepti kartupeļi
kentang goréng

pica
pitsa

hamburgers
hamburger

sviestmaize
roti lapis

šnicele
sakeureut daging

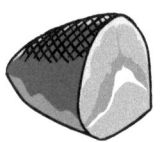
šķiņķis
ham

salami
salami

desa
sosis

vista
hayam

cepetis
ngagoreng

zivs
lauk

ēdiens - dahareun

auzu pārslas
bubur gandum

muslis
sèrèal

brokastu pārslas
cornflakes

milti
tarigu

radziņš
croissant

brokastu maizītes
roti

maize
roti

tostermaize
roti panggang

cepumi
biskuit

sviests
mantēga

biezpiens
dadih

kūka
kuėh

ola
endog

cepta ola
gorèng endog

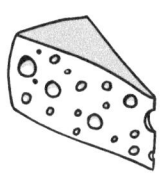
siers
keju

ēdiens - dahareun

saldējums
eskrim

cukurs
gula

medus
madu

marmelāde
selé

riekstu krēms
krim coklat

karijs
karé

ēdiens - dahareun

zemnieku saimniecība
pertanian

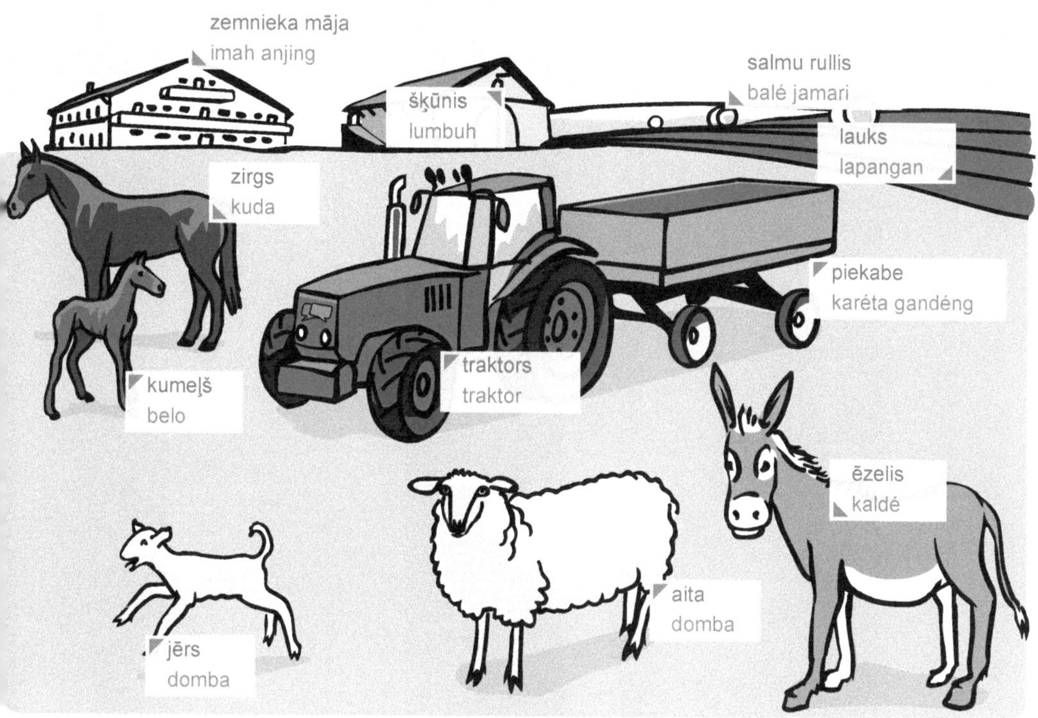

zemnieka māja
imah anjing

šķūnis
lumbuh

salmu rullis
balé jamari

lauks
lapangan

zirgs
kuda

piekabe
karéta gandéng

kumeļš
belo

traktors
traktor

ēzelis
kaldé

aita
domba

jērs
domba

kaza
embé

govs
sapi

teļš
bitis

cūka
bagong

sivēns
babi

bullis
bantèng

zoss
soang

pīle
éntog

cālis
pitik

vista
hayam

gailis
hayam jago

žurka
beurit

kaķis
ucing

pele
beurit

vērsis
sapi

suns
anjing

suņa būda
imah anjing

dārza šļūtene
selang

lejkanna
kaléng nyiram

izkapts
arit panjang

arkls
ngabajak

zemnieku saimniecība - pertanian

sirpis
arit

kaplis
pacul

mēslu dakša
garpuh jukut

cirvis
kapak

ķerra
gorobah

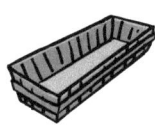
sile
palung

piena kanna
kalēng susu

maiss
karung

žogs
pager

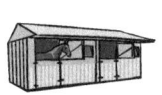
kūts
kandang

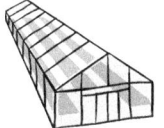
siltumnīca
imah kaca

augsne
taneuh

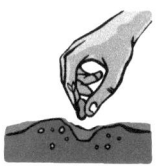
sēklas
benih

mēslojums
pupuk

kombains
mesin permén

zemnieku saimniecība - pertanian

novākt ražu
panén

raža
panén

jamss
yams

kvieši
gandum

soja
kedelé

kartupelis
kentang

kukurūza
jagong

rapsis
lobak

augļu koks
tangkal buah

manioka
sampeu

labība
séréal

zemnieku saimniecība - pertanian

māja
imah

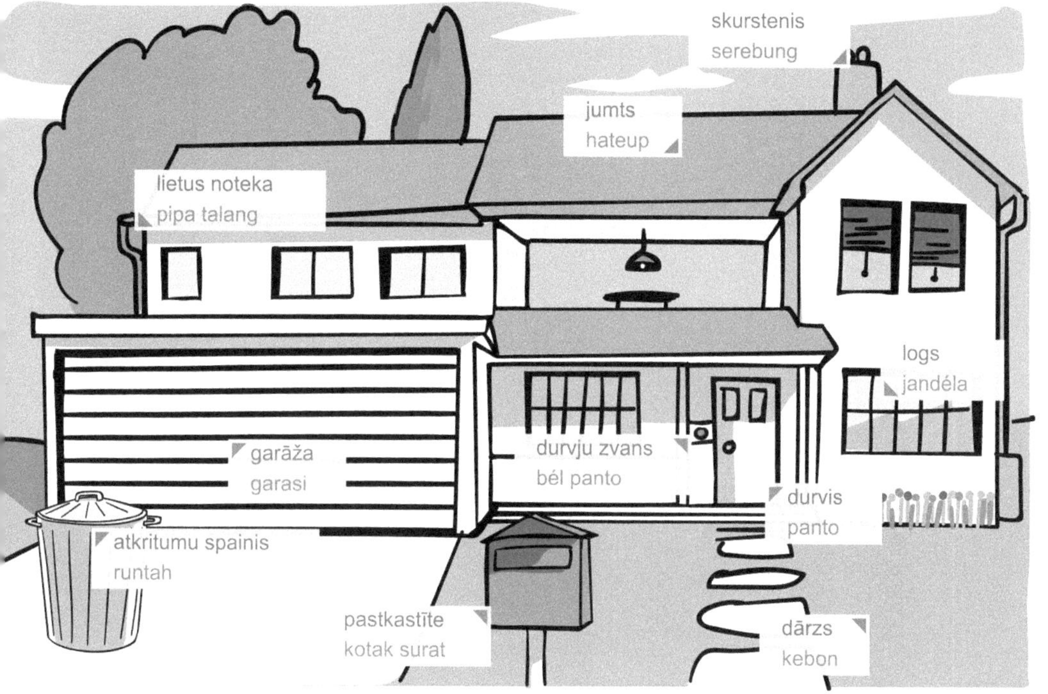

skurstenis
serebung

jumts
hateup

lietus noteka
pipa talang

logs
jandéla

garāža
garasi

durvju zvans
bél panto

durvis
panto

atkritumu spainis
runtah

pastkastīte
kotak surat

dārzs
kebon

viesistaba

rohang tamu

vannas istaba

kamar ibak

virtuve

dapur

guļamistaba

pangkéng

bērnu istaba

kamar budak

ēdamistaba

kamar makan

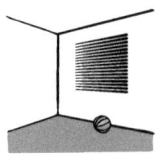
grīda
téhel

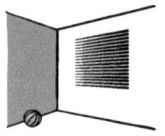
siena
tembok

griesti
hateup

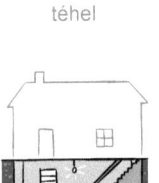
pagrabs
gudang di handap imah

sauna
sauna

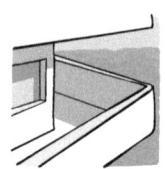
balkons
balkon

terase
tepas

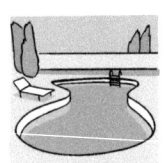
baseins
kolam renang

zāles pļāvējs
mesin pamotong jukut

gultas veļa
sepré

sega
simbut

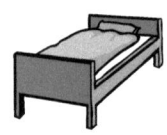
gulta
ranjang

slota
sapu

spainis
émbér

slēdzis
tombol

māja - imah

viesistaba
rohang tamu

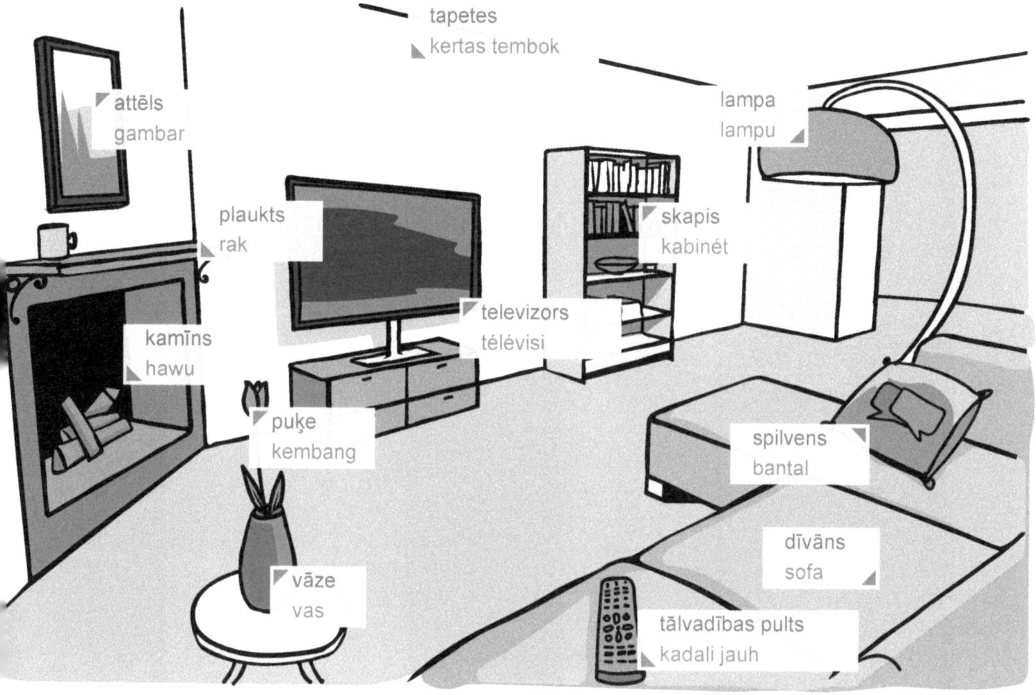

tapetes / kertas tembok
attēls / gambar
lampa / lampu
plaukts / rak
skapis / kabinét
kamīns / hawu
televizors / télévisi
puķe / kembang
spilvens / bantal
dīvāns / sofa
vāze / vas
tālvadības pults / kadali jauh

paklājs
karpét

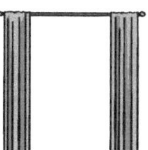

aizkars
hordéng

galds
meja

krēsls
korsi

šūpuļkrēsls
korsi goyang

atpūtas krēsls
korsi malas

grāmata
buku

sega
simbut

dekorācija
dekorasi

malka
suluh

filma
pilem

mūzikas centrs
hi-fi

atslēga
konci

avīze
surat kabar

glezna
lukisan

plakāts
poster

radio
radio

pierakstu blociņš
buku tulis

putekļu sūcējs
panyedot kebul

kaktuss
kaktus

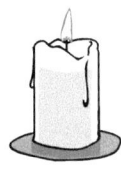

svece
lilin

viesistaba - rohang tamu

virtuve
dapur

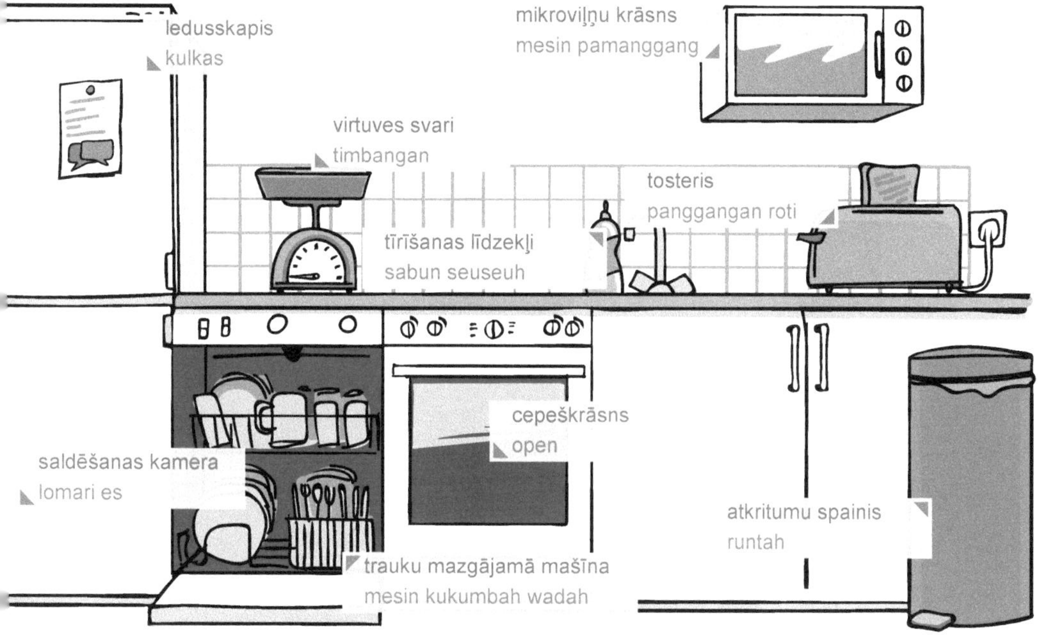

ledusskapis
kulkas

mikroviļņu krāsns
mesin pamanggang

virtuves svari
timbangan

tosteris
panggangan roti

tīrīšanas līdzekļi
sabun seuseuh

cepeškrāsns
open

saldēšanas kamera
lomari es

atkritumu spainis
runtah

trauku mazgājamā mašīna
mesin kukumbah wadah

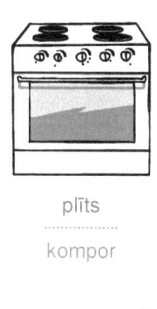

plīts
kompor

pods
panci

katls
panci beusi

Wok panna
katél

panna
panci

elektriskā tējkanna
citél

virtuve - dapur

tvaika katls
langseng

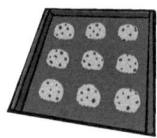
cepešpanna
baki

trauki
piring

krūze
cangkir

bļoda
mangkok

irbulīši
sumpit

kauss
sendok sop

lāpstiņa
sérok

putošanas slotiņa
pangocok

sietiņš
ayakan

siets
saringan

rīve
parutan

piesta
mortar

grilēt
daging bakar

atklāts pavards
suluh

virtuve - dapur

dēlis
papan pamotong

mīklas rullis
gilingan

korķu vilķis
alat pambuka tutup botol

bundža
kaléng

konservu nazis
pambuka kaléng

virtuves cimdi
gagang panci

izlietne
tilelep

birste
sikat

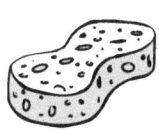

sūklis
busa

mikseris
blénder

saldētava
lomari es

bērna pudelīte
botol orok

ūdenskrāns
keran

virtuve - dapur

vannas istaba
kamar ibak

apkure / mesin pamanas
duša / ibak
dvielis / anduk
dušas aizkari / hordeng kamar ibak
vannas putas / mandi busa
vanna / bak mandi
veļas mašīna / mesin cuci
glāze / gelas
flīzes / téhel
ūdenskrāns / keran
podiņš / pispot
izlietne / tilelep

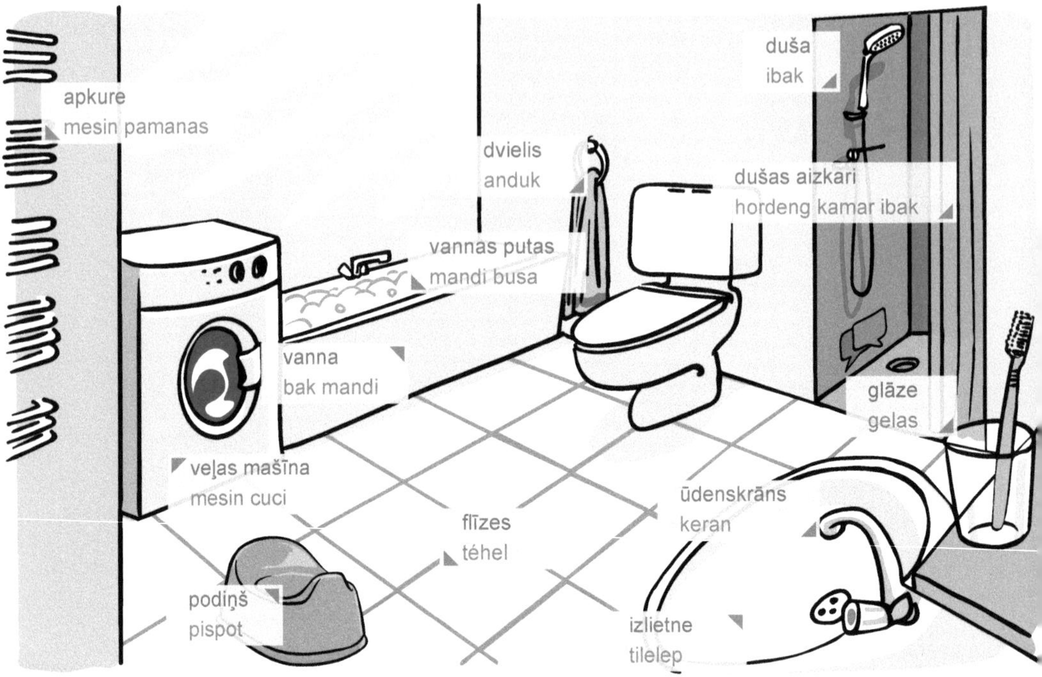

tualetes pods / jamban

Āzijas tipa tualete / cubluk

bidē / bidét

pisuārs / urinal

tualetes papīs / kertas jamban

tualetes birste / sikat jamban

vannas istaba - kamar ibak

zobu birste

sikat huntu

zobu pasta

odol

zobu diegs

benang gigi

mazgāt

nyeuseuh

rokas duša

kokocoran leungeun

duša

kukucuran

bļoda

bak

muguras mazgāšanas birste

panyikat tonggong

ziepes

sabun

dušas želeja

gel ibak

šampūns

sampo

mazgāšanas drāna

planèl

noteka

nguras

krēms

krim

dezodorants

déodoran

vannas istaba - kamar ibak

spogulis
eunteung

spogulītis
eunteung leungeun

skuveklis
pėso cukur

skūšanās putas
busa cukur

losjons pēc skūšanās
krim cukur

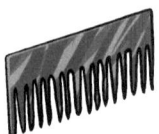
ķemme
sisir

matu suka
sikat

matu fēns
alat panggaring rambut

matu laka
semprotan rambut

grima komplekts
pangrias beungeut

lūpu krāsa
lipstik

nagulaka
cėt kuku

vate
kapas

šķērītes
gunting kuku

smaržas
minyak seungit

kosmētikas maks

kantong seuseuh

ķeblītis

bangku

svari

timbangan

halāts

baju mandi

tīrīšanas cimdi

sarung tangan karét

tampons

sampon

pakete

handuk pembalut

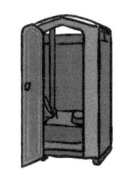

ķīmiskā tualete

jamban kimia

vannas istaba - kamar ibak

bērnu istaba
kamar budak

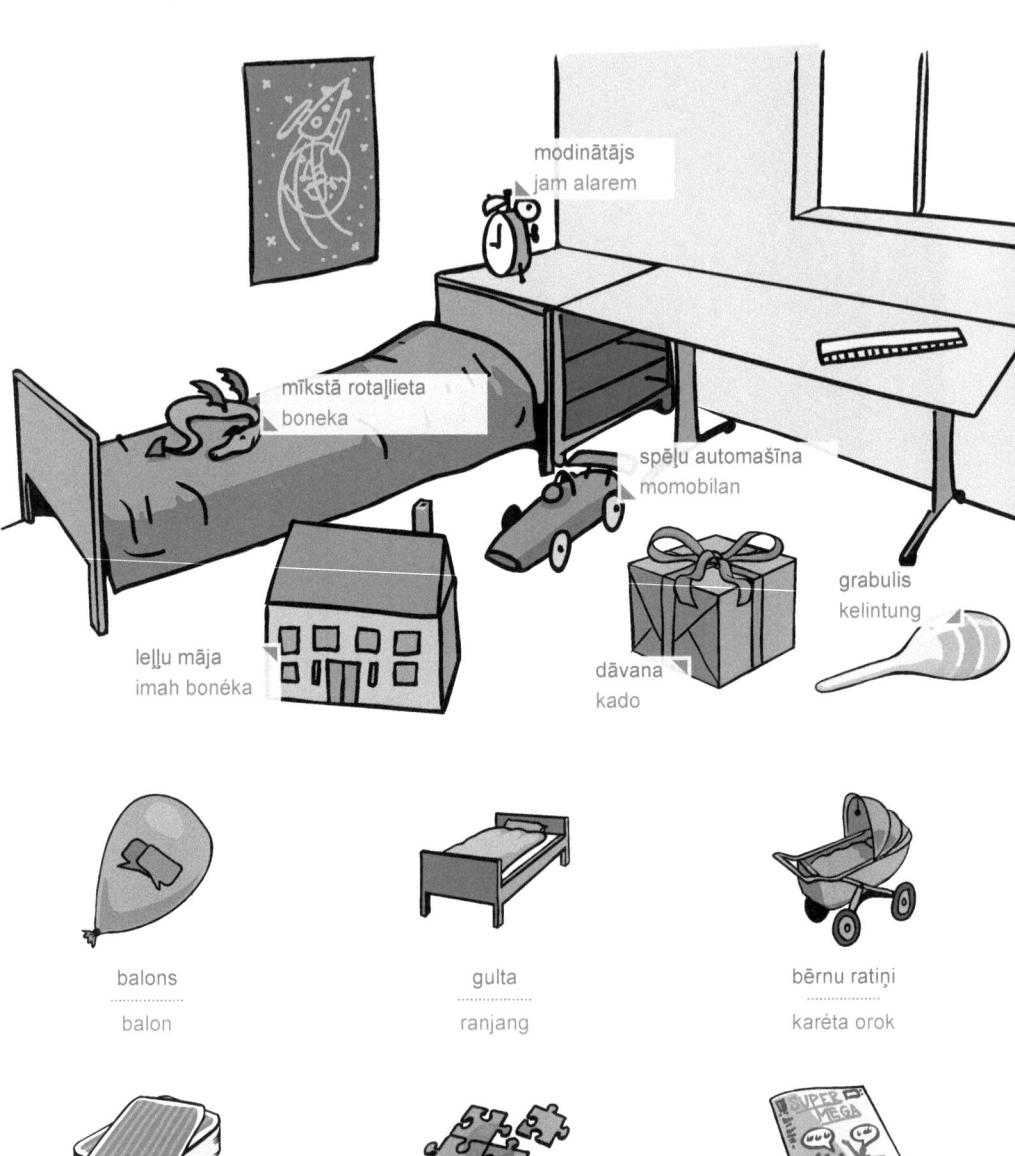

| balons | gulta | bērnu ratiņi |
| balon | ranjang | karéta orok |

| kārtis | puzle | komikss |
| kartu | tatarucingan | komik |

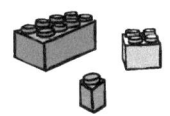
LEGO klucīši
kaulinan lego

klucīši
kaulinan bentuk blok

varoņu figūra
figur tokoh

rāpulītis
baju budak

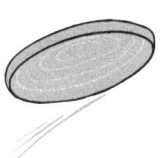
lidojošais šķīvītis
frisbee

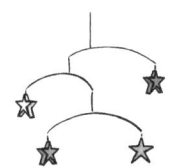
muzikālais karuselis
mobile

galda spēle
papan gim

metamais kauliņš
dadu

rotaļu dzelzceļš
set model kareta api

māneklis
endot

ballīte
pihak

bilžu grāmata
buku gambar

bumba
bal

lelle
boneka

spēlēt
ulin

bērnu istaba - kamar budak

smilšu kaste	šūpoles	rotaļlietas
wadah pasir maénan	ayunan	kaulinan

spēļu konsole	trīsritenis	plīša lācītis
video gim konsol	sapedah roda tilu	bonéka beruang

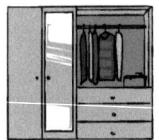

drēbju skapis
lomari baju

apģērbs
acuk

īszeķes	zeķes	zeķbikses
kaos kaki	kaos kaki	baju ketat

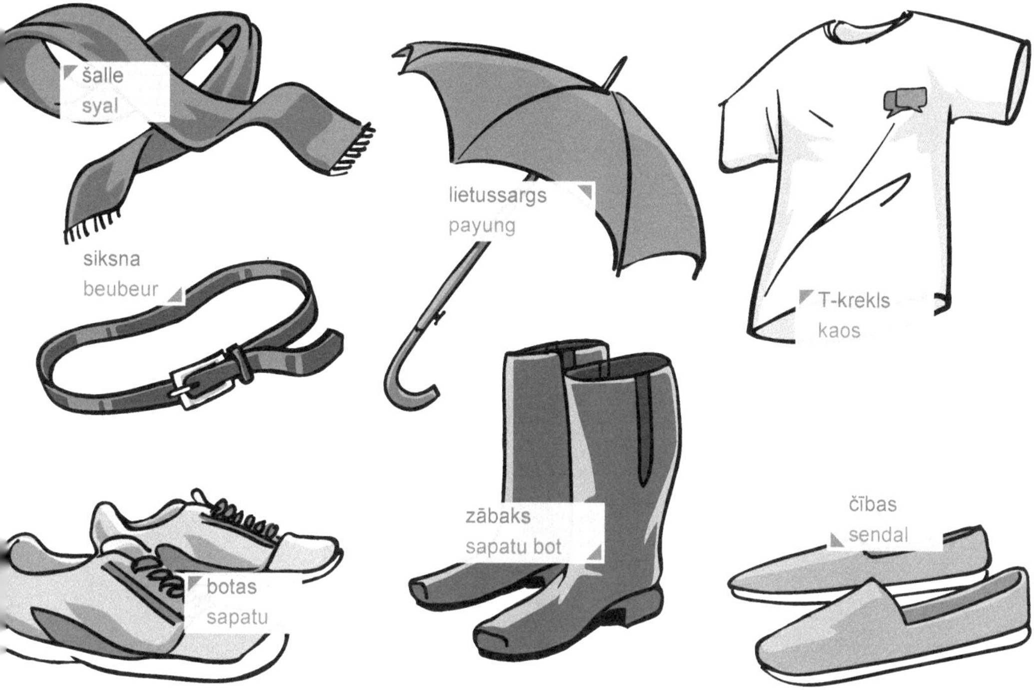

šalle
syal

lietussargs
payung

T-krekls
kaos

siksna
beubeur

zābaks
sapatu bot

čības
sendal

botas
sapatu

sandales
sendal

kurpes
sapatu

gumijas zābaki
sapatu bot karēt

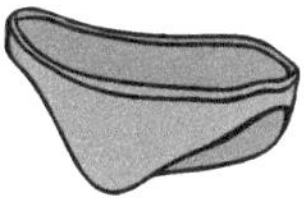

apakšbikses
cangcut

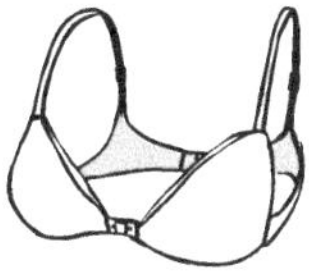

krūšturis
kutang

apakškrekls
baju rompi

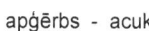

bodijs
awak

bikses
calana

džinsi
jins

svārki
rok

blūze
blus

krekls
kaméja

pulovers
jakét tiung

džemperis
baju haneut

žakete
jakét

jaka
jakét

mētelis
jakét

lietus mētelis
jas hujan

kostīms
kostum

kleita
gaun

kāzu kleita
gaun pangantén

apģērbs - acuk

uzvalks
baju resmi

naktskrekls
baju sarė

pidžama
piyama

sari
sari

lakats
tiung

turbāns
turban

burka
burka

kaftāns
kaftan

abaja
abaya

peldkostīms
baju renang

peldbikses
calana renang

šorti
calana pėndėk

treniņtērps
orang raga

priekšauts
celemėk

cimdi
sarung tangan

apģērbs - acuk

poga
kancing

brilles
kaca soca

rokassprādze
gelang

kaklarota
kongkorong

gredzens
ali

auskars
giwang

cepure
topi

drēbju pakaramais
gantungan jakėt

platmale
topi

kaklasaite
dasi

rāvējslēdzējs
risléting

ķivere
hélem

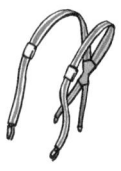

bikšturi
tali salémpang

skolas forma
saragam sakola

uniforma
saragam

apģērbs - acuk

priekšautiņš
apron orok

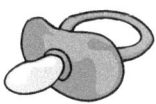
māneklis
endot

autiņbiksītes
popok

birojs
kantor

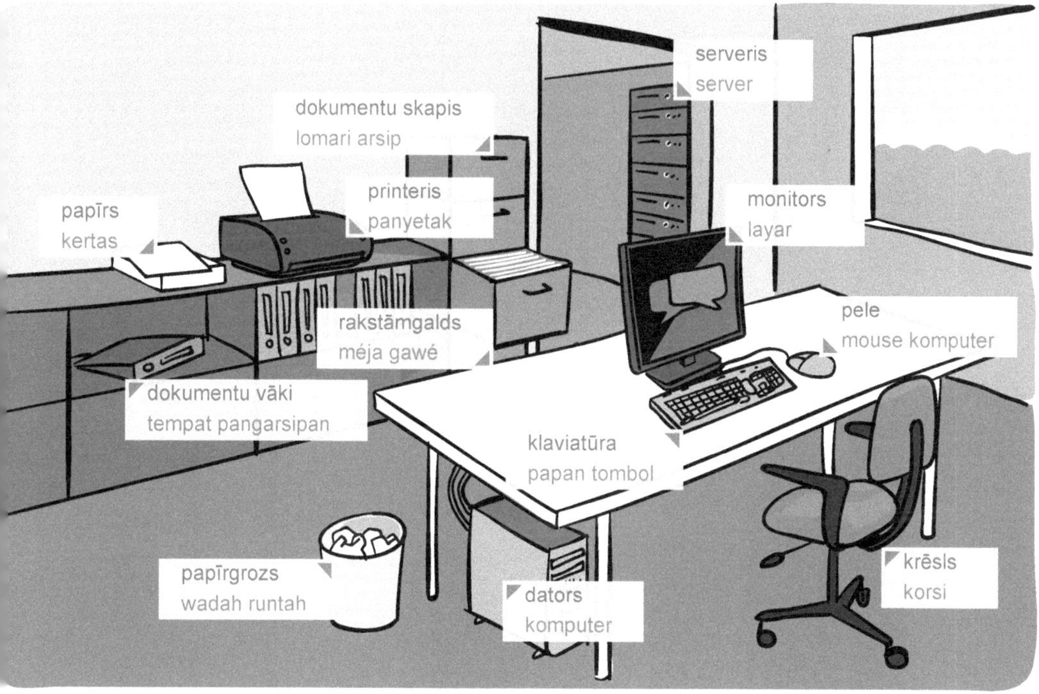

- serveris / server
- dokumentu skapis / lomari arsip
- printeris / panyetak
- papīrs / kertas
- monitors / layar
- rakstāmgalds / méja gawé
- pele / mouse komputer
- dokumentu vāki / tempat pangarsipan
- klaviatūra / papan tombol
- papīrgrozs / wadah runtah
- dators / komputer
- krēsls / korsi

kafijas krūze
cangkir kopi

kalkulators
kalkulator

internets
internét

birojs - kantor 49

portatīvais dators	vēstule	ziņa
laptop	surat	pesen

mobilais tālrunis	tīkls	kopētājs
telpon sélulér	jaringan	fotokopi

programmatūra	telefons	rozete
software	telpon	plug sokét
	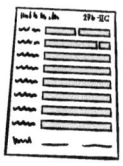	
faksa aparāts	formulārs	dokuments
mesin fax	formulir	dokumén

birojs - kantor

ekonomika
ékonomi

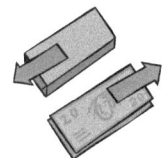
pirkt
mésér

samaksāt
mayar

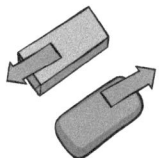
tirgot
dagang

nauda
artos

dolārs
dollar

eiro
euro

jēna
yen

rublis
rubel

franks
Franc swiss

juaņa renminbi
renminbi yuan

rūpija
rupiah

bankomāts
ATM

valūtas maiņas punkts
kantor pertukaran mata uang

zelts
emas

sudrabs
pérak

nafta
minyak

enerģija
énérgi

cena
harga

līgums
kontrak

nodoklis
pajak

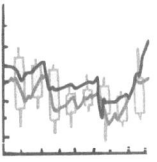
akcija
saham

strādāt
gawé

darbinieks
karyawan

darba devējs
dunungan

fabrika
pabril

veikals
toko

ekonomika - ékonomi

profesijas
pagawéan

policists
petugas pulisi

ugunsdzēsējs
pemadam kebakaran

pavārs
koki

ārsts
dokter

pilots
pilot

dārznieks
tukan kebon

galdnieks
tukang kai

šuvēja
tukang jait awéwé

tiesnesis
hakim

ķīmiķis
ahli kimia

aktieris
aktor

autobuss vadītājs — sopir beus

taksometra vadītājs — sopir taksi

zvejnieks — nalayan

apkopēja — pembantu

jumiķis — tukang hateup

viesmīlis — badega

mednieks — tukang muru

gleznotājs — pelukis

maiznieks — tukang roti

elektriķis — tukang listrik

celtnieks — tukang bangun

inženieris — insinyur

miesnieks — tukang daging

skārdnieks — tukang pipa

pastnieks — tukang pos

profesijas - pagawéan

karavīrs
tentara

arhitekts
arsiték

kasieris
kasir

florists
tukang kembang

frizieris
tukang salon

konduktors
konduktor

mehāniķis
tukang mèngkèl

kapteinis
kaptèn

zobārsts
dokter gigi

zinātnieks
ilmuwan

rabīns
rabbi

imāms
imam

mūks
biarawan

mācītājs
pendéta

profesijas - pagawéan

instrumenti
alat

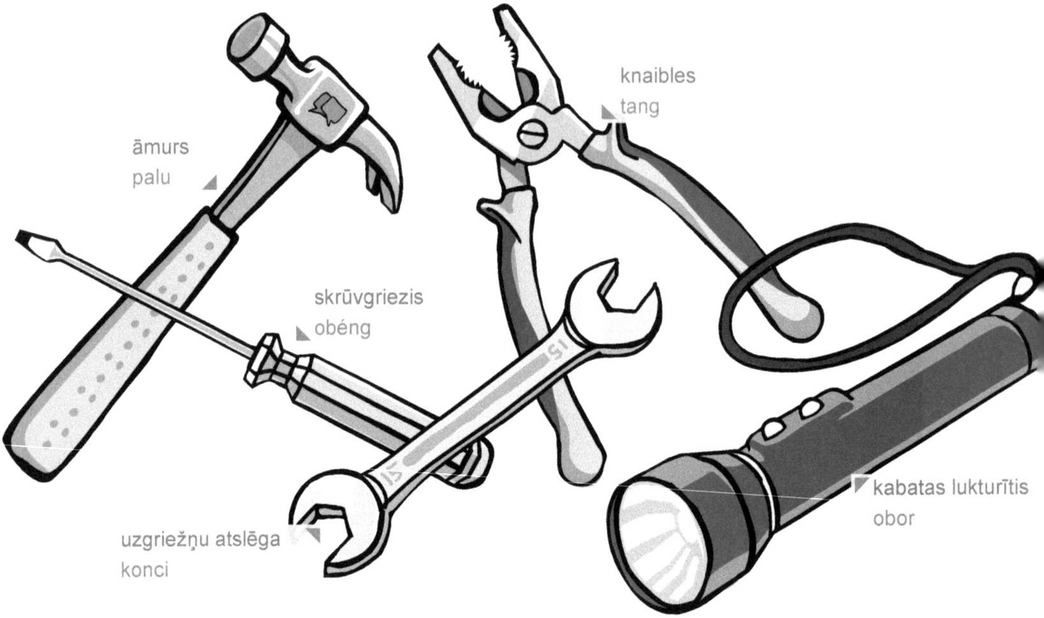

āmurs
palu

knaibles
tang

skrūvgriezis
obéng

uzgriežņu atslēga
konci

kabatas lukturītis
obor

ekskavators
panggali

instrumentu kaste
kantong parkakas

kāpnes
tangga

zāģis
ragaji

naglas
paku

urbis
bor

remontēt
ngabenerkeun

lāpsta
sekop

Velns!
Kéhéd!

liekšķere
pengki

krāsas bundža
pot cét

skrūves
sekrup bor

mūzikas instrumenti
alat musik

skaļrunis
spiker

bungas
alat dreum

ģitāra
gitar

kontrabass
bas

trompete
tarompét

mūzikas instrumenti - alat musik

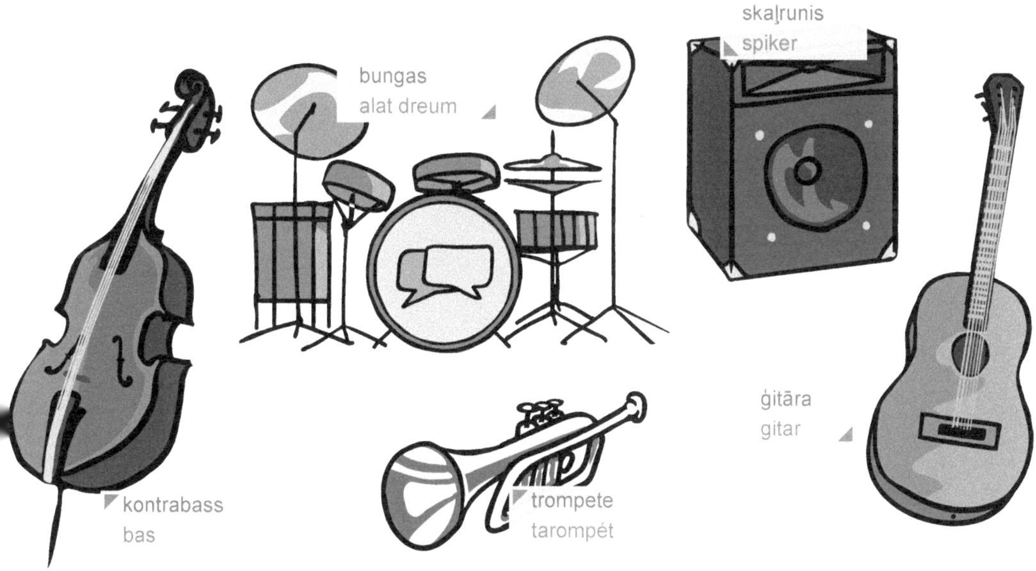

klavieres
piano

vijole
violin

bass
bas

timpāni
tambur

bungas
dreum

digitālās klavieres
keyboard

saksofons
saksofon

flauta
suling

mikrofons
mikrofon

zooloģiskais dārzs
kebon binatang

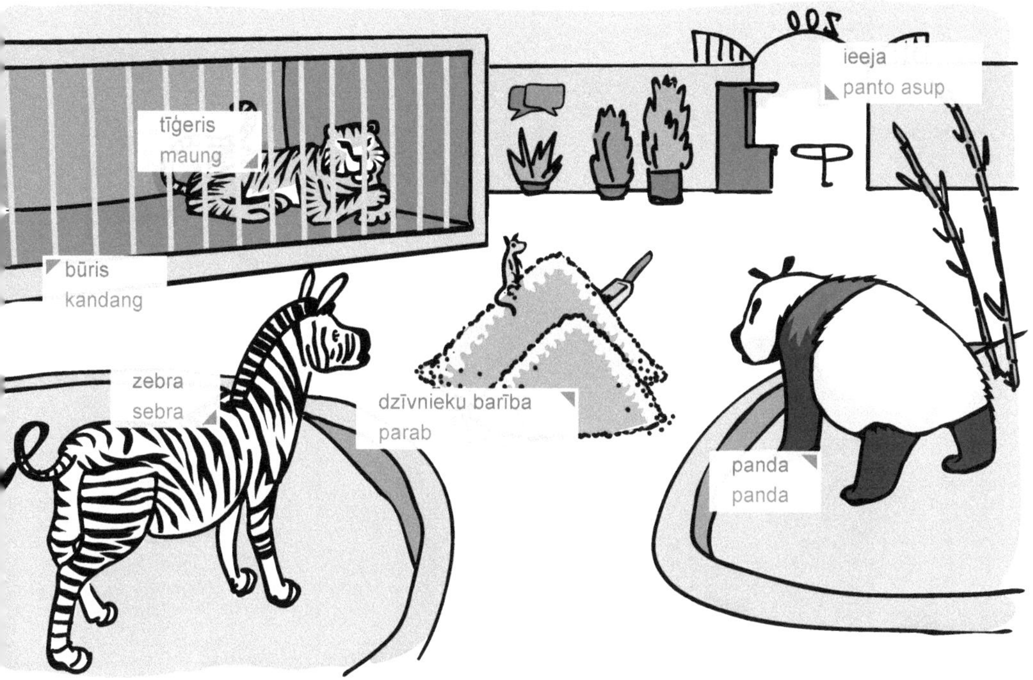

- ieeja / panto asup
- tīģeris / maung
- būris / kandang
- zebra / sebra
- dzīvnieku barība / parab
- panda / panda

dzīvnieki
sato

zilonis
gajah

ķengurs
kanguru

degunradzis
badak

gorilla
gorila

lācis
biruang

kamielis
onta

strauss
manuk onta

lauva
singa

pērtiķis
monyét

flamings
flamingo

papagailis
manuk béo

polārlācis
biruang polar

pingvīns
penguin

haizivs
hiu

pāvs
merak

čūska
oray

krokodils
buaya

zoodārza sargs
tukang jaga kebon binatang

ronis
anjing laut

jaguārs
jaguar

zooloģiskais dārzs - kebon binatang

| ponijs | leopards | nīlzirgs |
| kuda poni | macan tutul | kuda nil |

| žirafe | ērglis | meža cūka |
| jerapah | heulang | bagong |

| zivs | bruņurupucis | valzirgs |
| lauk | kuya | anjing laut |

| lapsa | gazele |
| robah | kijang |

zooloģiskais dārzs - kebon binatang

sports
olahraga

amerikāņu futbols
sepak bola Amérika

riteņbraukšana
sasapédahan

teniss
ténis

basketbols
baskét

peldēšana
renang

bokss
tinju

hokejs
hoki és

futbols — badmintons — vieglatlētika
sépak bola — badminton — atletik

rokas bumba — slēpošana — polo
bola tangan — ski — polo

darbības
aktivitas

darbības - aktivitas

būt
boga

darīt
ngalakukeun

būt
nya éta

stāvēt
tatih

skriet
lumpat

vilkt
narik

mest
malédog

krist
ragrag

gulēt
saré

gaidīt
nungguan

nest
nyandak

sēdēt
diuk

uzģērbt
anggé acuk

gulēt
saré

pamosties
hudang

darbības - aktivitas

	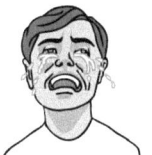	
skatīties	raudāt	glāstīt
ningali	méwék	ngusapan

ķemmēt	runāt	saprast
nyisir	nyarita	ngarti

jautāt	dzirdēt	dzert
naros	ngadéngé	nginum

ēst	sakārtot	mīlēt
dahar	bébérés	bogoh

vārīt	braukt	lidot
masak	nyetir	hiber

burot
balayar

rēķināt
ngitung

lasīt
maca

mācīties
diajar

strādāt
gawé

precēties
kawin

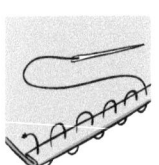
šūt
ngajait

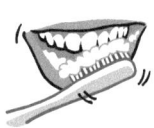
tīrīt zobus
sikat huntu

nogalināt
maéhan

smēķēt
ngarokok

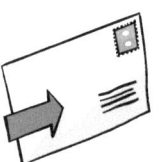
sūtīt
ngirim

darbības - aktivitas

ģimene
kulawarga

vecāmāte
nini

vectēvs
aki

tēvs
bapak

māte
emak

mazulis
orok

meita
budak awéwé

dēls
budak lalaki

viesis
tamu

tante
bibi

onkulis
emang

brālis
aa

māsa
tétéh

ķermenis
awak

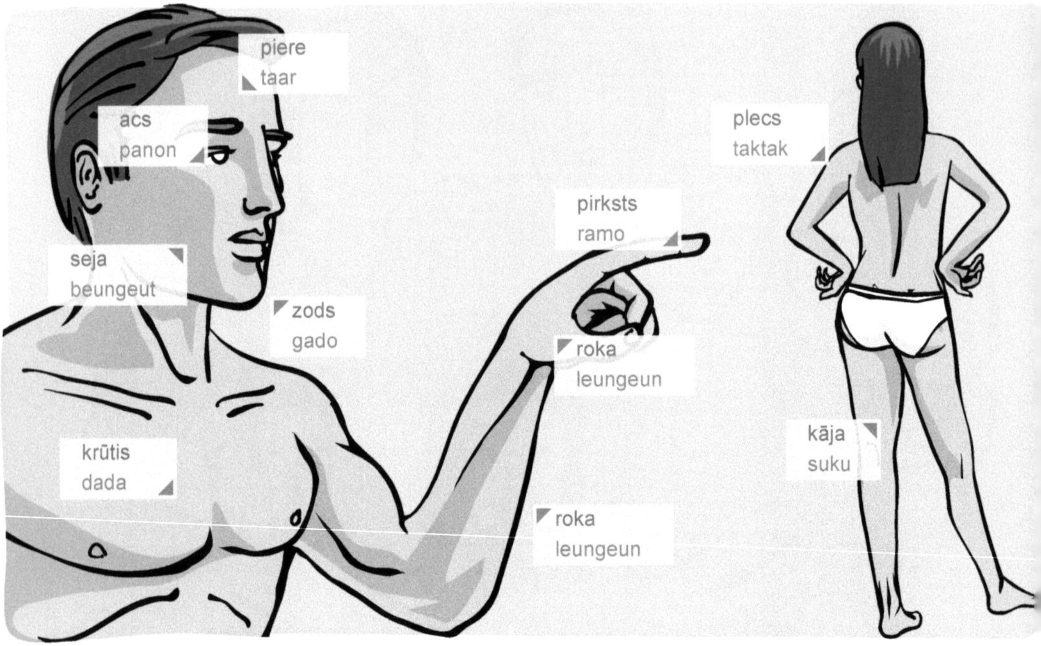

- piere / taar
- acs / panon
- seja / beungeut
- zods / gado
- krūtis / dada
- plecs / taktak
- pirksts / ramo
- roka / leungeun
- kāja / suku
- roka / leungeun

mazulis
orok

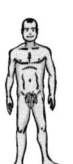

vīrietis
lalaki

sieviete
awéwé

meitene
awéwé

zēns
lalaki

galva
sirah

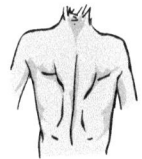 mugura tonggong	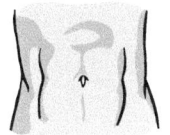 vēders beuteung	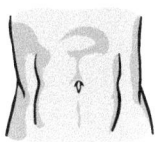 naba bujal
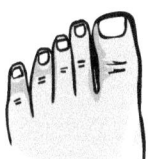 kājas pirksts jempol	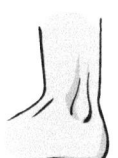 papēdis keuneung	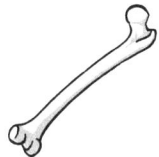 kauls tulang
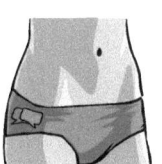 gurns cangkéng	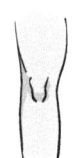 celis tuur	 elkonis sikut
 deguns irung	 dibens bujur	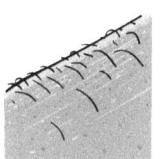 āda kulit
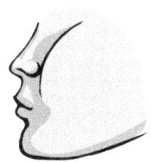 vaigs pipi	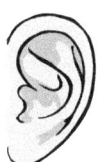 auss ceuli	 lūpa biwir

ķermenis - awak

mute
baham

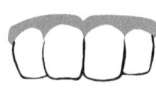
zobs
huntu

mēle
létah

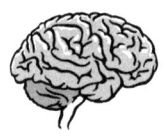
smadzenes
uteuk

sirds
haté

muskulis
otot

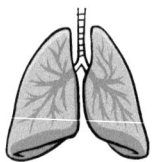
plaušas
bayah

aknas
ati

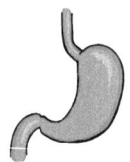
kuņģis
lambung

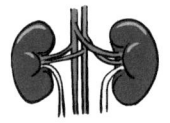
nieres
ginjal

dzimumakts
sapatemon

kondoms
kondom

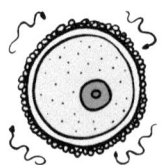
olšūna
sél telur

sperma
spérma

grūtniecība
kakandungan

ķermenis - awak

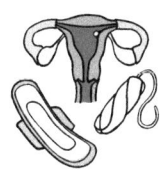
menstruācijas
haid

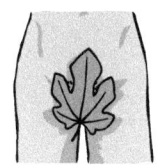
vagīna
heunceut

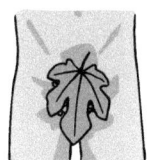
penis
sirit

uzacs
halis

mati
buuk

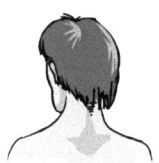
kakls
beuheung

ķermenis - awak

slimnīca
rumah sakit

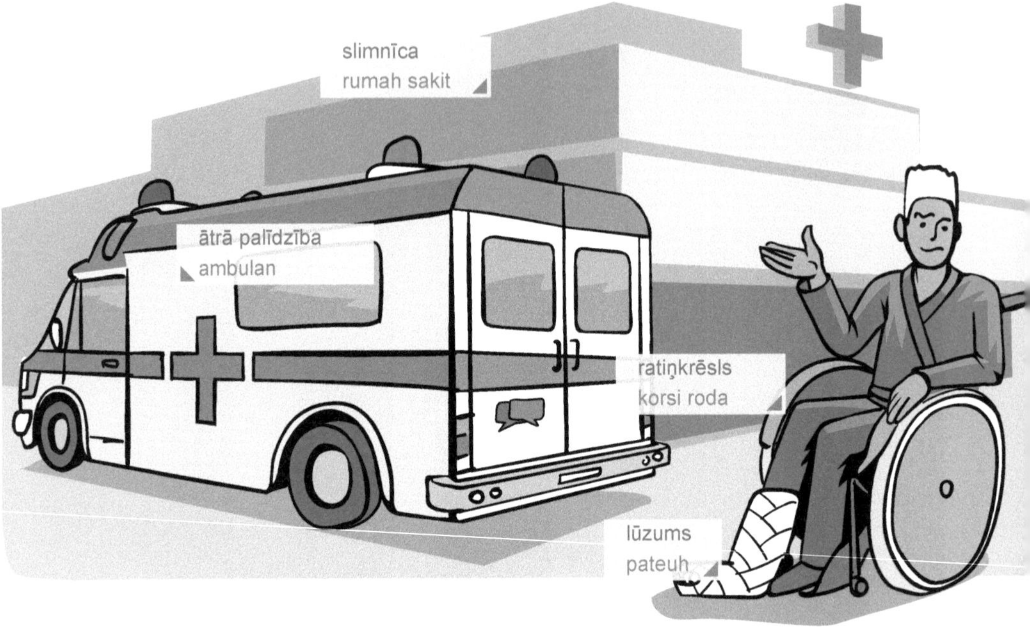

slimnīca
rumah sakit

ātrā palīdzība
ambulan

ratiņkrēsls
korsi roda

lūzums
pateuh

ārsts
dokter

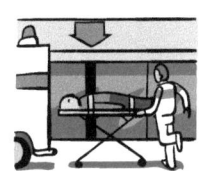

neatliekamās palīdzības nodaļa
rohang darurat

medmāsa
parawat

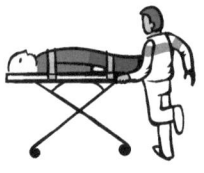

ārkārtas gadījums
darurat

paģībis
pingsan

sāpes
nyeri

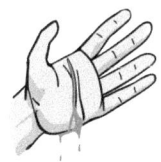

ievainojums
tatu

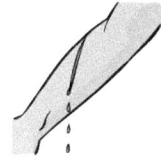

asiņošana
ngaluarkeun getih

sirdslēkme
jantungan

insults
strok

alerģija
alérgi

klepus
batuk

temperatūra
muriang

gripa
salésma

caureja
birit

galvassāpes
rieut

vēzis
kanker

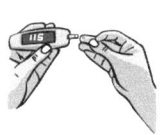

diabēts
diabétés

ķirurgs
ahli bedah

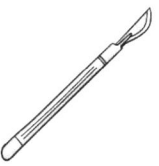

skalpelis
péso bedah

operācija
operasi

slimnīca - rumah sakit

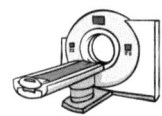	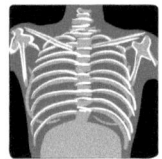	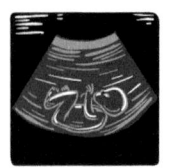
datortomogrāfija	rentgents	ultraskaņa
CT	sinar x	usg

sejas maska	slimība	uzgaidāmā telpa
topéng	panyakit	rohang tunggu
	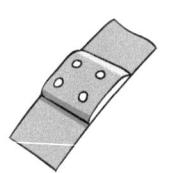	
kruķis	plāksteris	apsējs
pangrojong	paléstér	perban
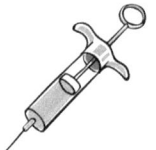	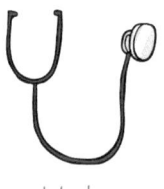	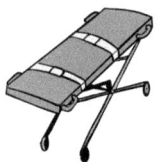
injekcija	stetoskops	nestuves
injéksi	stétoskop	tandu
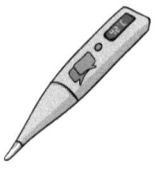		
termometrs	dzemdības	liekais svars
termométer klinis	kalahiran	obésitas

slimnīca - rumah sakit

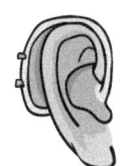
dzirdes aparāts
alat bantu dédéngéan

dezinfekcijas līdzeklis
désinféktan

infekcija
inféksi

vīruss
virus

HIV / AIDS
HIV / AIDS

zāles
obat

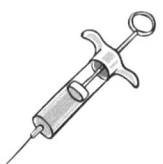
pote
vaksinasi

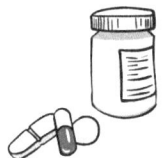
tabletes
tablét

pretapauglošanās tablete
pil

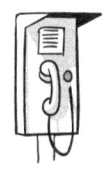
ārkārtas izsaukums
panggilan darurat

asinsspiediena mērītājs
ngukur ténsi

slims / vesels
gering / séhat

slimnīca - rumah sakit

ārkārtas gadījums
darurat

Palīgā!
Tulung!

trauksme
alarem

uzbrukums
gangguan

uzbrukums
narajang

bīstamība
bahaya

avārijas izeja
panto darurat

Uguns!
Seuneu!

ugunsdzēšamais aparāts
alat pemadam kabakaran

negadījums
kacilakaan

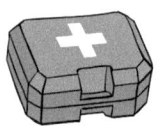

pirmās palīdzības aptieciņa
kotak P3K

SOS
SOS

policija
pulisi

zeme
Bumi

Eiropa
Eropa

Ziemeļamerika
Amérika Utara

Dienvidamerika
Amérika Selatan

Āfrika
Afrika

Āzija
Asia

Austrālija
Australi

Atlantijas okeāns
Atlantik

Klusais okeāns
Pasifik

Indijas okeāns
Samudra Hindia

Dienvidu okeāns
Samudra Antartika

Ziemeļu ledus okeāns
Samudra Arktik

Ziemeļpols
Kutub Utara

Dienvidpols
Kutub Selatan

Antarktika
Antartika

zeme
Bumi

zeme
tanah

jūra
laut

sala
pulau

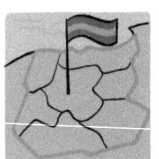
nācija
bangsa

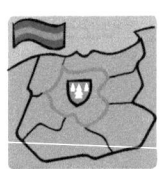
valsts
nagara

pulkstenis
jam

ciparnīca

jam wajah

stundu rādītājs

jarum pèndèk

minūšu rādītājs

jarum menit

sekunžu rādītājs

jarum detik

Cik ir pulkstenis?

Tabuh sabaraha?

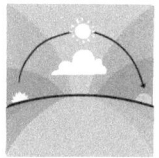

diena

poé

laiks

waktos

tagad

ayeuna

digitālais pulkstenis

jam digital

minūte

menit

stunda

jam

nedēļa
minggu

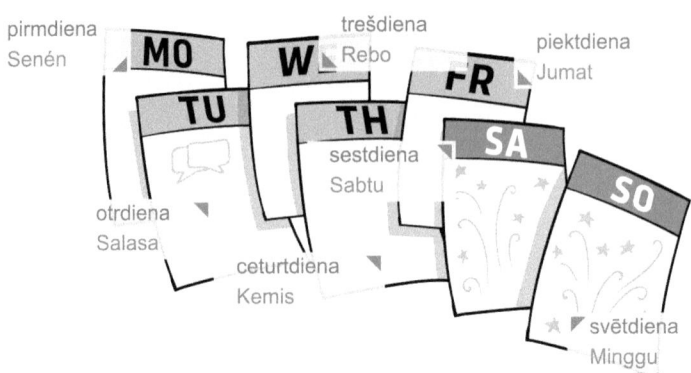

pirmdiena / Senén
otrdiena / Salasa
trešdiena / Rebo
ceturtdiena / Kemis
piektdiena / Jumat
sestdiena / Sabtu
svētdiena / Minggu

vakardien
kamari

šodien
dinten ayeuna

rītdien
énjing

rīts
énjing-énjing / isuk-isuk

pusdienlaiks
siang

vakars
peuting

darbadienas
poé gawé

brīvdienas
akhir minggu

gads

taun

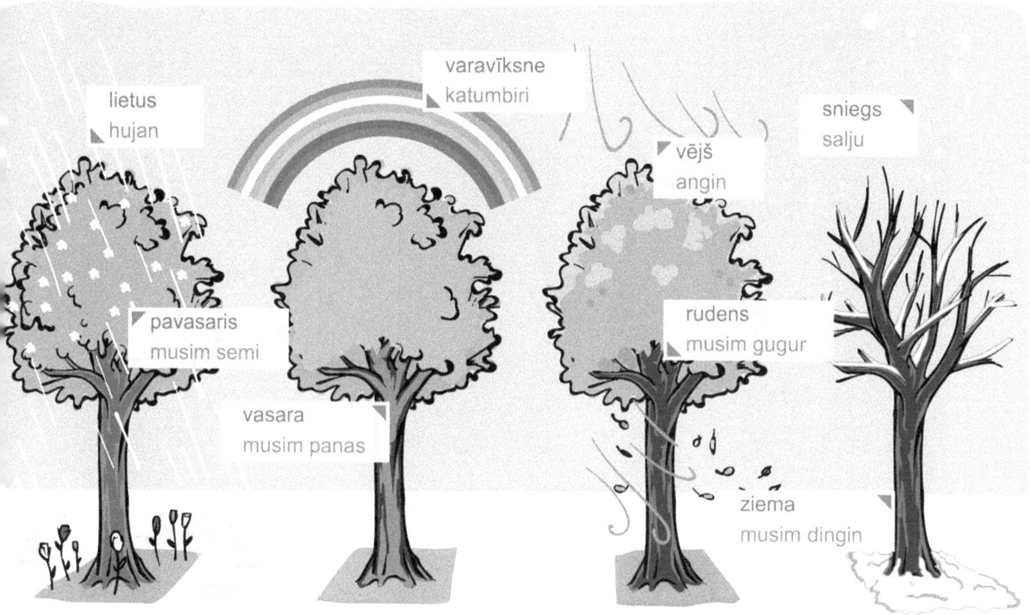

lietus
hujan

varavīksne
katumbiri

sniegs
salju

vējš
angin

pavasaris
musim semi

rudens
musim gugur

vasara
musim panas

ziema
musim dingin

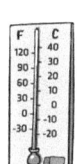

laika prognoze

termometrs

saules gaisma

ramalan cuaca

térmométer

panon poé

mākonis

migla

gaisa mitrums

awan

pepedut

kelembaban

zibens — gelap

pērkons — guntur

vētra — badai

 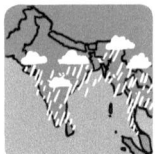 

krusa — hujan és

musons — angin muson

plūdi — caah

  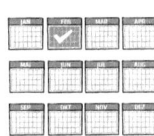

ledus — és

janvāris — Januari

februāris — Pébruari

marts — Maret

aprīlis — April

maijs — Mei

 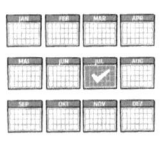 

jūnijs — Juni

jūlijs — Juli

augusts — Agustus

gads - taun

septembris
Séptémber

oktobris
Oktober

novembris
Nopémber

decembris
Désémber

formas
bentuk

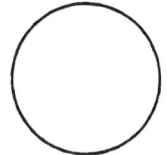
aplis
buleudan

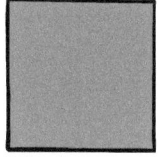
kvadrāts
persegi

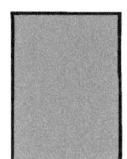
četrstūris
persegi panjang

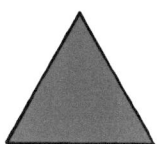
trīsstūris
segi tiga

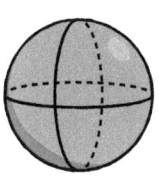
lode
bola

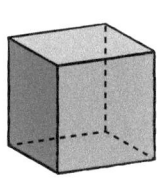
kubs
kubus

krāsas
warna-warna

balts
bodas

dzeltens
konéng

oranžs
oranyeu

sārts
kayas

sarkans
beureum

lillā
bungur

zils
bulao

zaļš
héjo

brūns
coklat

pelēks
abu-abu

melns
hideung

pretstati
sabalikna

daudz / maz
loba / saeutik

saniknots / miermīlīgs
ambek / kalem

skaists / neglīts
geulis / goreng

sākums / beigas
ngamimitian / rèngsé

liels / mazs
gedé / leutik

gaišs / tumšs
caang / poék

brālis / māsa
dulur lalaki / dulur awéwé

tīrs / netīrs
bersih / kotor

pilnīgs / nepilnīgs
lengkep / teu lengkep

diena / nakts
poé / peuting

miris / dzīvs
paéh / hirup

plats / šaurs
lega / heureut

baudāms / nebaudāms

bisa didahar / teu bisa didahar

nikns / laipns

jahat / bageur

satraukts / garlaikots

sumanget / bosen

resns / tievs

badag / begang

pirmais / pēdējais

kahiji / terakhir

draugs / ienaidnieks

baturan / musuh

pilns / tukšs

pinuh / kosong

ciets / mīksts

heuras / lemes

smags / viegls

beurat / hampang

izsalkums / slāpes

kalaparan / haus

slims / vesels

gering / séhat

nelegāls / legāls

ilegal / legal

inteliģents / dumjš

calakan / bodo

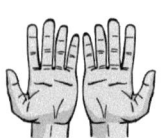

kreisais / labais

kénca / katuhu

tuvu / tālu

deukeut / jauh

jauns / lietots

anyar / urut

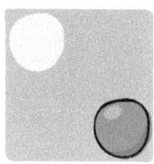

nekas / kaut kas

euweuh nanaon / aya nanaon

vecs / jauns

kolot / ngora

ieslēgts / izslēgts

hurung / pareum

atvērts / slēgts

buka / tutup

kluss / skaļš

jempé / gandéng

bagāts / nabags

beunghar / sangsara

pareizi / nepareizi

bener / salah

raupjš / gluds

kasar / lemes

noskumis / laimīgs

sedih / gumbira

īss / garš

pendék / panjang

lēns / ātrs

alon / gancang

slapjš / sauss

baseuh / garing

silts / vēss

haneut / tiis

karš / miers

perang / damai

pretstati - sabalikna

skaitļi
angka-angka

0
nulle
nol

1
viens
hiji

2
divi
dua

3
trīs
tilu

4
četri
opat

5
pieci
lima

6
seši
genep

7
septiņi
tujuh

8
astoņi
dalapan

9
deviņi
salapan

10
desmit
sapuluh

11
vienpadsmit
sawelas

12
divpadsmit
duawelas

13
trīspadsmit
tiluwelah

14
četrpadsmit
opatwelas

15
piecpadsmit
limawelas

16
sešpadsmit
genepwelas

17
septiņpadsmit
tujuhwelas

18
astoņpadsmit
dalapanwelas

19
deviņpadsmit
salapanwelas

20
divdesmit
duapuluh

100
simts
saratus

1.000
tūkstotis
sarēbu

1.000.000
miljons
sajuta

Valodas
basa-basa

angļu
Inggris

amerikāņu angļu
basa Inggris Amerika

ķīniešu mandarīnu valoda
basa Cina Mandarin

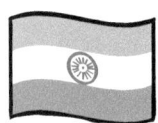

hindi
basa Hindi

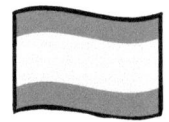

spāņu
basa Spanyol

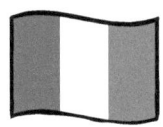

franču
basa Perancis

arābu
basa Arab

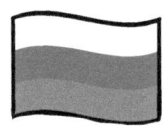

krievu
basa Rusia

portugāļu
basa Portugis

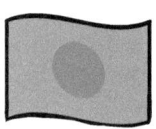

bengāļu
basa Bengal

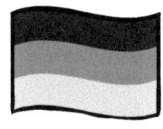

vācu
basa Jerman

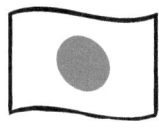

japāņu
basa Jepang

kas / ko / kā
saha / naon / kumaha

es
urang

tu
manéh

viņš / viņa
anjeunna / manéhna

mēs
arurang

jūs
maranéh

viņi / viņas
aranjeunna / maranéhna

kas?
saha?

ko?
naon?

kā?
kumaha?

kur?
di mana?

kad?
iraha?

vārds
wasta / ngaran

kur
di mana

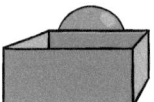

aiz
di tukang

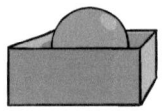

iekšā
di

priekšā
di hareup

virs
di luhureun

uz
di luhur

zem
di handapeun

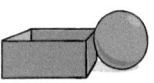

blakus
di gigir

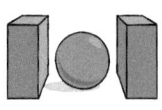

starp
antawis

vieta
tempat